运动员薪酬制度研究

董　雷◎著

吉林出版集团股份有限公司
全国百佳图书出版单位

图书在版编目（CIP）数据

运动员薪酬制度研究 / 董雷著. -- 长春 : 吉林出
版集团股份有限公司, 2021.3
ISBN 978-7-5581-9881-6

Ⅰ.①运… Ⅱ.①董… Ⅲ.①运动员－工资管理－研
究 Ⅳ.①G811.32

中国版本图书馆CIP数据核字（2021）第054335号

运动员薪酬制度研究
YUNDONGYUAN XINCHOU ZHIDU YANJIU

著　　者：董　雷
责任编辑：马　刚
装帧设计：清　风
开　　本：710mm×1000mm 1/16
印　　张：4.25
字　　数：40千字
版　　次：2022年6月第1版
印　　次：2022年6月第1次印刷
出　　版：吉林出版集团股份有限公司
发　　行：吉林音像出版社有限责任公司
地　　址：吉林省长春市净月区福祉大路5788号出版大厦A座
电　　话：0431-81629680
印　　刷：三河市嵩川印刷有限公司

ISBN 978-7-5581-9881-6　　　　　　　定　价：38.00元

前　言

　　竞技体育是人类文明的重要组成部分，除了在运动场上表现个人出众的身体素质外，世界各国（地区）都将其作为展示国家形象与力量的舞台。我国竞技体育事业从无到有，逐渐建立了各级训练队伍，构建出完善的训练体系，为竞技体育的腾飞奠定了制度、人力和物质基础。随着时代的发展和市场经济的繁荣，人力资源成为影响事业发展的核心元素。在体育事业中，如何给予运动员合理的薪酬，促使他们刻苦训练、积极参赛，体现其合理的市场价值，做到投入效率最大化成为国家、集体乃至个人关注的焦点问题。因此，回望我国运动员薪酬的演变历史，对当前薪酬特征进行深刻剖析，并提出未来薪酬改制的基本路径，无疑对我国体育事业的健康发展有着极为重要的现实意义。

　　本文在实地调查和访谈的基础上，运用人力资源管理和薪酬管理的理论框架，结合当前我国运动员的培养制度和薪酬制度，构建了运动员薪酬影响因素分析框架，旨在为决策者制定科学、合理的运动员薪酬激励制度和宏观调控政策提供经验参考，为我国体育薪酬分配制度改革提供理论支撑。

目　录

第一章　薪酬制度管理

第一节　薪酬体系概述

薪酬体系是企业人力资源管理体系的重要组成部分。薪酬体系是指薪酬的构成和分配方式，即一个人的工作报酬由哪几部分构成。一般而言，员工的薪酬包括以下几大主要部分：基本薪酬（本薪）、奖金、津贴和福利。

基本薪酬即正常工资，管理人员执行岗位工资，生产工人执行技能工资。管理人员的岗位工资与职位的重要性、工作的难度及责任等因素相关，分为基本工资和绩效工资。基本工资是工资中的基础部分，按月发放并且不与员工绩效考评结果挂钩；绩效工资是员工按照公司的业绩要求，完成其职位绩效目标应获得的收入，主要根据员工每个考评期的考评结果计算，它体现了薪酬的激励性，是员工工资的重要组成部分。而生产工人的技能工资则根据技能水平确定。

奖金分为绩效奖金和效益奖金。薪酬反映员工工作业绩的部分为绩效奖金，薪酬反映公司经济效益的部分则为效益奖金。绩效奖金及效益奖金的缺少会导致薪酬与工作业绩、经济效益脱节。

津贴设置的不合理，对一些特殊的工作岗位缺少补偿，也会使薪酬失去其灵活性。

福利是指除了工资、奖金以外，根据国家、省、市的有关规定所应享受的待遇以及公司为保障与提高员工生活水平而提供的相关福利措施。福利应是人人都能享受的利益，它能给员工以归属感。

薪酬体系分为固定薪酬体系、绩效薪酬体系、混合薪酬体系。固定薪酬体系中没有浮动或奖金部分，薪酬全部体现为相对固定的基本薪酬；绩效薪酬体系，与固定薪酬体系相反，这种薪酬体系中没有固定的基本薪酬，全部采用浮动薪酬或奖金的形式发放，员工没有绩效就得不到薪酬；混合薪酬体系中既包括固定薪酬，也包括绩效薪酬或浮动薪酬，这是最常见的一种薪酬体系。在实践中，完全意义上的固定薪酬或绩效薪酬体系并不常见，因此，一般情况下，将固定薪酬比绩效薪酬所占比例更大的混合薪酬体系称为固定薪酬体系，而将绩效薪酬比固定薪酬所占比例更大的混合薪酬体系称为绩效薪酬体系。

第二节　薪酬管理

作为人力资源管理体系的重要组成部分，薪酬管理是企业高层管理者以及所有员工最为关注的内容，它直接关系到企业人力资源管理的成效，对企业的整体绩效产生影响。灵活有效的薪酬制度对激励员工和保持员工的稳定性具有重要作用。

薪酬管理，是指在组织发展战略指导下，对员工的薪酬支付原则、薪酬策略、薪酬水平、薪酬结构、薪酬构成进行确定、分配和调整的动态管理过程。它是人力资源管理的重要组成部分，是企业达到吸引、保留、激励人才的重要手段。在社会主义市场经济条件下，如何运用薪酬政策，激励员工提高工作绩效是薪酬管理的关键，是企业需要深入研究的课题。

薪酬管理作为人力资源管理的重要内容一直备受社会关注。这不仅因为它与员工的切身利益息息相关，也因为它直接影响企业的经营成败。

现代薪酬管理的四大目标：

一、吸收组织需要的优秀员工

合理的高报酬不仅能提升员工的工作热情，还能为组织的未来发展吸引更多有能力的人才。

二、达到效率目标

薪酬效率目标的制定，其本质在于要用适当的薪酬支出给组织带来最大的收益。主要包括两个方面：

第一，要站在产出的角度分析，即薪酬能为组织绩效带来最大价值和利益。

第二，要站在投入的角度分析，即要实现薪酬成本的优化控制，用最合适的支出为组织谋取最大的利益。

三、起到激励作用

薪酬发放的本质在于对员工努力工作的付出提供等值的报酬。只有员工的付出能够得到相应的让其满意的报酬，才能更有效地提高其工作的积极性。

四、尽力做到公平的原则

薪酬公平要做到分配、过程、机会三方面的公平。分配公平，即组织在进行人事决策与奖励措施时符合公平的要求；过程公平，即组织依据的标准方法要符合公平性，程序过程要公开、公平、公正；机会公平，即组织要提供给员工相同的发展机会，不搞内部认定制等潜规则。

科学有效的激励机制能够让员工发挥出最佳的潜能，为企业创造更大的价值。激励的方法很多，但是薪酬是一种非常重要的、最易运用的方法。现阶段，受经济结构和经济发展水平所限，劳动密集型的加工贸易企业很多，再加上我国的劳动人口相对过剩，这就必然导致一线员工的工资薪酬低下，同时还伴有一线员工和高层管理人员薪酬差距大的问题。

然而员工的"收入"除了工资收入之外，还包含培训、晋升机会、发展机会、心理收入、生活质量等非物质回报。通过对这些概念的明确，让员工在衡量自己的贡献与回报的时候有一个科学的认识，从而减少员工的不公平感。

　　最后，通过薪酬激励，将短、中、长期经济利益相结合，促进企业利益和员工利益、企业发展目标与员工发展目标相一致，从而促进员工与企业结成利益共同体关系，最终达到双赢。

第二章　运动员薪酬制度探析

1992年红山口会议之后，我国确立了体育要走市场化、职业化的道路，迄今为止，各联赛已经成型。我国的职业联赛产业正趋于成熟，但在发展过程中暴露出一些具有共性的核心问题，特别是在运动员薪酬这一现代经济的核心要素方面，存在很多亟待解决的问题。薪酬是市场经济的核心元素，是撬动职业体育的重要杠杆。我国职业运动员薪酬的问题已经成为影响当前体育事业发展的重要因素。

第一节　运动员薪酬体系的演进、特征

一、我国运动员薪酬构成与体系演化

早在1950年，我国就成立了体育主管机构，但是由于人员不齐、制度缺乏等问题，运动员工资并没有明确规定。运动员多依照入队之前时的身份予以认定，这种状况直到20世纪80年代才有所改观。

1985年，前国家体委制定颁布了《关于实施〈运动员、教练员工资制度改革方案〉若干问题的规定》和《运动员、教练员工资制度改革方案》两个文件，这两个文件的颁布意味着我国运动员的工资体系已在法律上予

以确认，当时主要考虑"少劳少得、多劳多得、奖优罚劣和工资与成绩好坏、贡献大小直接挂钩"的原则。根据运动员特点实行体育津贴制，体育津贴原则上按运动员所获得的运动成绩评定，一般定为四等津贴最低档（六类工资区为58元）。运动员现行工资低于运动成绩相应津贴等级的，均可进入相应津贴等级最低档。这一制度的形成与发展标志着我国运动员工资逐步制度化、体系化。

直至1992年，党的十四大明确提出，按照机关、企业和事业单位的不同特点，逐步建立健全分类管理的人事制度。由此，我国体育事业走向逐步分流的道路。运动员也逐步分为专业运动员和职业运动员两类。

第一类是专业运动员，他们依然由省市体育局或国家体育总局等事业部门负责培养。如，一些市场开发度不高，前期投入较大，欣赏性较差，却又是我国竞技体育事业中的主要夺金项目，这些运动员只能由国家代为培养。他们的经济性薪酬主要由基本工资、训练津贴、成绩津贴、奖金组成。非经济薪酬则包括就业安置、职业能力转换、各类保险、运动伤病保障以及广告权益等。这种薪酬分配主要套用我国事业单位编制人员的工资体系。到2002年，国家体育总局与教育部、中编办、财政部、人事部、劳动和社会保障部发文《关于进一步做好退役运动员就业安置工作的意见》中指出，要"尝试市场化的退役运动员安置途径"，这一变化意味着运动员不再终身享受事业职工待遇，而逐渐转为市场化安置。工资结构也逐步向绩效工资方向发展。

第二类是职业运动员，这类项目最初只有足球、篮球、象棋、围棋等少数几个项目。职业化运动员按项目类型又可分为两种：第一种是俱乐部性质的职业运动员，如足球运动员、篮球运动员等，这类运动员的人力资本使用权归俱乐部所有，其薪酬包括基本工资、训练津贴、出场费、奖金和商业广告等；第二种是个体项目运动员，如台球运动员、高尔夫球运动员等，其薪酬主要由出场费、比赛奖金和商业广告等组成。无论是前者还是后者，都完全依靠市场对运动员实力的评价，收入与他们的竞技能力、职业素养等直接挂钩，完全属于自负盈亏。

当然，我国竞技体育正处于转型期，有些项目正由专业逐步走向职业。乒乓球、羽毛球联赛尽管都称为职业联赛，但这些运动员都来自各个省队，身份隶属于体育局专业队，只是代表俱乐部进行比赛，在整个培养期间，俱乐部并未参与投资，俱乐部对运动员这一人力资本具有部分产权，运动员代表俱乐部参与赛事，薪酬由俱乐部支付，而部分权利则由俱乐部与乒协、羽协（各专业队）共享。这是一种典型的双轨制身份，是特定历史条件下的过渡形式。

二、我国运动员薪酬体系特征

专业、职业和双轨制三种薪酬体制代表着我国竞技体育在特定的社会转型期竞技体育的选择，其形成、演变和发展是在不断探索适合我国特殊国情的薪酬制度过程中的必然产物，在评价对象、考核机制、薪酬构成等多个方面都有着显著差异。

1. 偏重经济性薪酬

自从我国竞技体育融入国际大家庭之后，短时间内实现了快速、跨越式发展，很大程度上归功于运动员在为国争光目标下的拼搏奋斗。为国争光在近百年来，成为国人奋斗和努力的目标，中国体育恰好适应了这种需求，获得了国家、社会的认可与支持，在物质条件极不发达的情况下，实现了竞技体育的腾飞。而在市场经济环境下，企业与个人作为市场的主要构成元素，以获得最大收益为终极目标。基于这种逻辑，我国无论是专业运动员，还是职业运动员都极为重视经济性薪酬所带来的激励作用。

课题组调查结果显示，当前我国运动员的薪酬形式多采取高弹性模式，运动员能获得多少薪酬完全依赖于比赛成绩的高低。当运动员成绩非常优秀时，薪酬非常高；而当成绩非常差时，薪酬非常低。在职业赛事中，可能运动员之间的竞技成绩相差极为微小，但由此带来的薪酬差距却极为巨大，经济学上将这种现象称之为"赢者全得型"分配方式。尽管这种重视经济激励的措施是适应当前市场经济发展的必然选择，但是单一市场化调节，却难以避免其自身带来的弊端，如短视、盲目和局限性。这种"赢者全得型"分配方式，是典型的高差异性组合，会使运动员缺乏安全感，也会导致低收入群体产生消极、抵抗等情绪，易产生短期行为的倾向，为获得成绩而不择手段，甚至可能采用危及自身或他人安全的方式（如兴奋剂、球场暴力等）。由此可见，我国目前重视经济性薪酬的方向是历史的必然选择，但在改制过程中更要重视非经济性薪酬（如精神薪酬）的完善与补充作用。特别是在我国运动员文化素养不高、受教育的权利得不到切实保障的现实情况下，这一诉求显得更为强烈。

2. 我国运动员薪酬二元化特征较为明显

当前，运动员参赛已经由单一的、公益性的为国争光的活动转变为双重的、公益与利益并重的活动。这一转变必然导致运动员身份的重新认定。以公益为主的专业运动员薪酬主要来自国家或当地政府，而以谋生、利益为主要目的的竞技运动员，其薪酬必然依靠所属俱乐部或参赛奖金等。身份的二元化带来的危害是显著的。首先，当公益与私利产生矛盾时，俱乐部和运动员必然会从自身利益出发，给竞技体育运行带来某种混乱。其次，专业运动员的付出与所得产生背离，有悖于社会的基本公平原则。对于明星运动员而言，职业生涯的收入足够他们支付余生的消费；而多数运动员则不得不为生存和发展重新择业，付出与回报显然失衡。无论是人力资本还是先天才能，对于这群将青春奉献给赛场的运动员而言，有些人的薪酬显然是偏低的。与此同时，由于编制限定，很多运动员还游离在体制之外，只被赋予了实训身份。截止到2013年，全国在训运动员33 294名，正式在编的仅17 444名，而以试训、集训等名义在训的运动员达15 850人。这些没编制的运动员退役后境况更糟，尽管国家和各省市为此出台了一些退役保障办法，但对他们的帮助也十分有限。最后，身份二元化使得个别项目出现权责不对等的现象，以乒乓球等联赛为例，这些项目的运动员薪酬由俱乐部承担，而运动员身份仍归属专业队，这就使得俱乐部只有赞助义务，而没有人力资源开发的权利，一定程度上影响了乒超联赛的健康发展。

3. 我国运动员薪酬体系市场化程度不高

在职业化程度高的国家，当俱乐部运行不畅时经常会发生破产、被兼并或者被收购等情况，这些因素无疑会影响到运动员薪酬的发放。近几年欧洲经济危机对职业联赛的影响是显著的，西甲联赛也难以幸免，"西甲联赛的总负债达到了21亿欧元，在经济危机的大背景下，西甲还能存活多久都是个问号"。而我国运动员的薪酬则受到政府行政的管理和干预，即使是最早实施职业化的足球、篮球等几个项目也不例外。不少俱乐部都有国企做后盾，即使民企赞助的俱乐部其背后往往也有政府的影响，在俱乐部出现问题时进行干涉。由此可见，无论是专业运动员还是职业运动员，相比国外联赛，都直接或间接地受到政府的扶持与保护。当然，不完全市场经济形式也存在弊端，往往会造成行政干预过度、政企不分的问题，在实际操作中，偶尔会触及资方和劳方的利益，产生一些矛盾，这一问题在双轨制联赛中最为明显。如何协调各方面的关系，理顺政府和相关部门在市场中的作用，是当前管理人员和很多俱乐部所面临的一个重要问题。

4. 职业化发展趋势业已确立

除了足球、篮球等职业化队伍以外，专业运动员也逐步走向职业化发展道路。可以说，职业化道路是当前三种薪酬体制未来发展的必然选择。首先，体育职业化发展表现为竞技目标的转移。一直以来，专业运动员是举国体制下的产物，带有鲜明的计划色彩。运动员以为国争光、实现效用最大化为根本目标，一旦从体校升入专业队就意味着捧上"铁饭碗"，享受国家事业单位编制和待遇。然而，随着竞技体育市场化的推进，很多体育项目已经摆脱了单一为国争光的政治目的。专业运动员除了承担政治任务（奥运会、全运会等）之外，还可以参加黄金联赛、钻石联赛、各类邀请赛等赛事，这些赛事多是以追求效益最大化为参赛目的的。其次，专业运动员的职业化趋势还表现在薪酬方式的转变。以前拥有的事业编制意味着退役之后国家和地方负责安置工作，而现在事业编制带有鲜明的合同性质——运动员在役期间享受事业待遇，一旦退役，地方会给予一定补助，然后运动员自主择业。这种方式与职业联赛一样。另外，在工资发放上，以往专业运动员工资较低，侧重职务、岗位晋升。而现在的运动员薪酬则更多地体现在经济性薪酬的发放上，由此可见专业运动员薪酬呈现职业化趋势。

第二节　当前我国职业联赛运动员薪酬存在的主要问题

成熟的联赛中，职业俱乐部雇佣球员基本采用年薪制，职业球员的主要收入是基本工资，奖金只占球员收入很小的一部分。这种薪酬政策往往运用于成熟的联赛中，评价机制较为完善，运动员薪酬基本体现自身能力，一旦薪酬绩效发生变化，球队就会在合同末期对薪酬做出调整。我国多数联赛评价机制尚不成熟，运动员的能力与薪酬之间的相关性也不是很高，表现出一些非理性状态。

一、运动员薪酬绩效较低

体育范畴内，运动员的薪酬直接或间接代表着运动员竞技水平的高低和未来的发展潜力等。通常所言，薪酬用来指代一个人的社会地位或一些人的出场费、转会费等，也就是对社会成员价值的衡量。随着运动员竞技水平的提升，薪酬应随之提升，反之亦然。从国家层面上看，代表最高水平的国家队成绩滞足不前甚至退步，而运动员总体薪酬却高开高走，从改制时的几百元到今天的几百万，身价翻了近万倍，但水平却提高不大。从行业层面上看，不少职业联赛已经成为外援眼中的"吸金"地。无疑，这是基于"同等能力可以获得更高的薪酬"逻辑之下的必然选择。就职业足球而言，出色的国内球员已经成为稀缺品，而且国内球员的身价早已经同国际足坛脱轨。这导致高薪未必能获得高水平运动员，高薪引进的外援沦为替补的案例屡见不鲜。尽管职业联赛引进外援的价格屡创新高，然而从质量上多数不敢恭维。

二、职业运动员薪酬呈现非理性上涨态势

从资料上看，我国职业联赛中运动员的薪金都呈快速增长态势。以职业足球为例，运动员的薪酬变化态势可以用"高开低走然后快速拉升"来形容。改革伊始，运动员身份发生转变，薪酬在短时间内实现了十几倍甚至几十倍的增长。2002赛季到2010赛季属于震荡上行走势。随着我国首次闯入世界杯热潮的退却，中国足球联赛陷入困境。特别是2004年，中国足球超级联赛出现了大量不和谐因素。2011~2012年两年间的薪资水平突然大幅增加，中超国内主力的月收入从1~2万元迅速增长到10~15万元。联赛总薪资从5.88亿元涨到8.66亿元。球员薪酬总额远远超出成熟联赛中遵循的"51%"原则（运动员薪酬支出不超过同期俱乐部总收入的51%），到2012年，我国中超联赛运动员的薪酬收入占联赛收益的比例竟高达79%，已超出了俱乐部的承受范围。尽管足协曾三次发文对足球运动员薪酬进行限定，但最后的效果都不是很理想。

这一状况同样存在于篮球、围棋、羽超和乒超联赛之中，薪酬暴涨

几乎成为体育职业化的代名词。"2003年顶尖球员的工资在20万元左右；2004年涨到60万元左右；2005赛季推行租借和自由人相结合的办法，特级运动员年薪涨到100万元，而各俱乐部的经营收入则大多维持在100万元至300万元之间"，2007年调整了摘牌费用分配方案，并对运动员薪酬做出了明文规定，要求薪酬不得超过限薪数额。其中"自由人"限薪为100万元和60万元两档，"非自由人"限薪为50万元和30万元两档。由此可见，运动员薪酬非理性暴涨几乎成为当时所有联赛普遍存在的现象。

三、运动员薪酬制度不够健全

制度是企业运营的基石和保障，职业联赛也是如此。制度不够健全具体表现在以下几个方面：

首先，对职业运动员的保障制度不健全。体育带有明显的公益性，有时其公益性甚至超过他们产生的经济效益。基于此，有些国家尽管国民的社会保障体系较为完善，但仍会制定相应的、针对运动员的制度予以保护。而国内运动员的相关保障多数只能依靠俱乐部自身承担，可见我国在这方面做得还不够。

其次，各利益主体产权不清。管理部门、俱乐部和运动员所得到的利益是他们所拥有的产权在利益上的实现。产权是一组权利束，包括收益权、使用权和让渡权等。正常情况下，三方会以谈判方式商定各方收益分成。一旦一方突破一定界限必然会打破原有平衡，影响整个联赛的健康运行。从目前来看，运动员薪酬暴涨以及管理部门既当"运动员"又当"裁判员"的格局已经伤及俱乐部利益。尽管我国的几大联赛都在积极寻求对策，以乒乓球超级联赛为例，自进入职业联赛起，几乎每年都会对相关政策进行调整，包括摘牌、"自由人"制度、限薪以及转会等，但效果却极为有限。

第三节　我国职业运动员薪酬问题成因解析

一、经济因素

目前，我国职业联赛中运动员薪酬分配过程中出现的若干问题与我国经济大环境、体育产业环境和居民个体收入等经济因素有着直接关系。

今天的职业体育已经不是单纯个人才能的展现，从选材、训练到比赛，周期长、专业性强且耗资巨大，特别是足球这类影响力巨大的集体项目，更成为资金追逐的对象。以2014年巴西世界杯为例，据德媒《转会市场》统计，德国队23人总身价为5.62亿欧元，阿根廷队23人总身价为3.92亿欧元，巴西世界杯决赛不但为人们展示最高体育水平的角逐，同时也是10亿欧元之间的博弈。20世纪80年代，我国国民生产总值连续多年年增长率达9%以上，外贸总额由最初的占世界不足1%升至8%，出口居世界第2位。特别是一些实力雄厚的国企和掌握巨额财富的新兴产业的加入，为职业联赛的开展奠定了坚实基础，资金的充裕和国内投资渠道的相对狭窄也使得中国职业运动员薪酬水涨船高，已经高出了其他国家的平均水平。

二、体制因素

我国职业联赛是由计划经济时的专业队转制而成，是典型的自上而下的转轨。这种模式意味着我们的职业化并非市场经济机制的产物，而是政府指导出来的。原先的管理层既是市场规则的制定者，又是自身利益的维护者，在这种体制下，经济主体进入市场后所拥有的权利相对较小，各部分主体因为权利的不同，相对地位也就不同。改制前的管理层作为利益方，在制定规则时往往考虑到自身利益，造成政策带有鲜明的倾向性，这使得政策缺乏针对性与前瞻性，随着问题的不断出现，政策也不断调整。以乒乓球超级联赛为例，运动员配备数量、个人薪酬都有明确规定，市场的调节与配置作用相对较小，进而影响了联赛质量，使得乒乓球超级联赛吸引力降低。这种问题普遍存在于篮球、足球等职业联赛之中。由此可见，体制转变所带来的阵痛是国内职业联赛必然要经历的过程。

三、文化与社会因素

强调集体利益的思维一直贯穿于我国体育的改制过程之中，并产生了一切以国家利益为重的理念。俱乐部是整个联赛的基础与个体，而国家和整个联赛是集体。在俱乐部利益与国家利益相冲突时，管理部门作为利益方，往往会倾向后者，引发了不少俱乐部投资人的不满。另外，在俱乐部反映运动员薪酬过高时，管理层往往会站在国家的角度去衡量利弊，而俱乐部作为企业运营者则更侧重企业的收支平衡，运动员身价应以市场对其的认可度为根据。管理部门作为管理层和推动职业化进程的负责方，仅将联赛中的俱乐部作为国家人才培养基地而非市场化运作的企业，这就不难理解我国职业联赛中出现诸多问题的原因所在了。

第三章 我国运动员薪酬影响因素的多因素分析

十多年前，我国运动员薪酬分配呈多元化发展态势，运动员薪酬差距日益扩大，两极分化现象越来越明显。低收入运动员对薪酬分配缺乏公平感，而高收入群体中物质奖励的作用被削弱甚至丧失。原有的薪酬分配方式已严重影响运动员的训练和比赛积极性，不利于竞技体育的健康发展。2010 年，国家体育总局等部门开始认识到运动员人才资源的价值，并逐渐重视薪酬对运动员的激励作用，颁布《关于进一步加强运动员文化教育和运动员保障工作的指导意见》并指出"发挥工资政策的导向作用，完善运动员收入分配制度"，薪酬制度也逐渐向人力资本方向改革。但规章条例的不完善，使其无法与竞技体育职业化、市场化和商业化的快速发展相匹配。在这种背景下，重视竞技体育内部薪酬分配存在的突出问题，促进薪酬结构合理化，完善运动员薪酬分配制度，规范薪酬分配秩序，无疑具有重要的价值和意义。

第一节 我国运动员的分类及其薪酬制度

根据当前运动员的培养制度和薪酬制度，对不同类型运动员的薪酬影响因素进行问卷调查和专家访谈，并对搜集到的运动员薪酬影响因素的相关数据进行多因素方差分析，同时对不同影响因素下的运动员薪酬进行多重比较分析。

目前，我国运动员身份带有鲜明的双重性，既有以国家政治利益为主的专业运动员，也有以经济利益为核心目的的职业运动员。从人力资本的角度来看，根据投资主体不同，可以将我国运动员分为三类：第一类，专业运动员，由国家投资培养，即在我国现行经济体制下，由国家或地方政府设立的专业体育工作队培养且肩负着在国际竞赛中为国家争得荣誉，并以技术上的成就推动和影响群众体育开展的具有双重任务的运动员，如当前各种国家队、省体工队队员。第二类，职业运动员，由个人、企业或俱乐部等社会投资培养，即专门从事体育竞赛训练与表演，从中获取报酬，并以此作为生活来源的运动员，如中国男子篮球职业联赛（CBA）运动员、中国足球协会超级联赛（CSL）运动员、台球运动员丁俊晖等都属于典型的职业运动员。第三类，半专业半职业运动员，由前两类投资主体混合培养，兼具前两者性质的运动员，是前两类的结合，如篮球运动员姚明、易建联就属于典型的半专业半职业运动员，多数时间参与职业篮球联赛，当国家队需要代表比赛的时候就会转变为国家专业队员参赛。因而，运动员分类也不是绝对的，存在同一运动员多种身份的情况。

运动员薪酬是指运动员获得的所有经济性和非经济性报酬的总和。运动员薪酬包含着激励因素，合理的薪酬制度有利于竞技体育的健康发展。而在体育领域，经济结构中所有制、投资主体、培养体制等的重大调整，都会对运动员薪酬制度产生重大影响。根据投资主体的不同，运动员在薪酬制度和薪酬结构上也存在差异。在薪酬制度上，专业运动员主要采用体育津贴奖金制度，职业运动员采用全面薪酬制度，而半专业半职业运动员则采用上述两种制度的结合。这样就会导致在薪酬结构上，专业运动员由国家培养，因而其薪酬分配主要套用国家事业编制人员的工资体系。其经济性薪酬由基本工资、训练津贴、成绩津贴、奖金组成。非经济薪酬则包括就业安置、职业能力转换、各类保险、运动伤病保障及广告权益等。职业运动员是由个人、企业或俱乐部等社会投资培养，按项目类型分两种：第一种是俱乐部性质的职业运动员，如足球、篮球等，这类运动员人力资本使用权归俱乐部所有，运动员通过集体合作为俱乐部打比赛，而俱乐部通过门票、电视转播、赞助与广告等收入支付薪酬，其薪酬包括基本工资、训练津贴、出场费、奖金和商业广告等；第二种是个体项目，如台球、网球等，典型代表是丁俊晖和女网"四朵金花"，其薪酬主要由出场费、比赛奖金和商业广告等组成。半专业半职业运动员主要由前两类投资主体混合培养，兼具前两者性质，因而其薪酬结构同时包含了前两类内容。

第二节　我国运动员薪酬影响因素的多因素方差分析

一、专业运动员薪酬影响因素分析

当前，我国不同项目类型运动员之间的薪酬收入仍存在差异，主要体现为奥运项目与非奥运项目和同项目不同级别运动员之间的收入差距。从不同项目看，游泳、田径、羽毛球、自行车、体操等奥运项目专业运动员薪酬要高于武术、龙舟之类的非奥运项目专业运动员。而且，同属于奥运项目的篮球、游泳和田径之间的薪酬也存在差距，表现为篮球、游泳项目运动员薪酬高于田径运动员。非奥运项目中，我国传统体育项目武术、龙舟运动员薪酬低于高尔夫球运动员。从运动员级别分析，明星级篮球、田径、羽毛球、武术、龙舟、高尔夫球运动员薪酬较高。目前，我国同项目、不同项目以及不同级别专业运动员之间的薪酬待遇都存在一定的差距。

事实上，通过对专业运动员的薪酬进行多因素方差分析可知，性别因素对专业运动员薪酬的影响并不显著，运动员级别和运动项目因素对专业运动员薪酬的影响显著，运动员的工龄和运动员所在区域因素对专业运动员薪酬的影响非常显著，这说明运动员级别、运动项目、运动员的工龄和运动员所在区域是影响专业运动员薪酬的主要因素，而性别对运动员的薪酬影响不大。

进一步对不同级别专业运动员的薪酬进行多重比较显示，国际级运动健将、运动健将、国家一级运动员、国家二级运动员的薪酬之间均有显著的差异，国际级运动健将的薪酬要高于运动健将、国家一级运动员、国家二级运动员的薪酬；运动健将的薪酬要高于国家一级运动员、国家二级运动员的薪酬；国家一级专业运动员的薪酬要高于国家二级运动员薪酬；这说明随着运动员级别（运动成绩）的提高，专业运动员的薪酬呈现递增趋势。

通过对不同工龄的专业运动员的薪酬进行多重比较显示，工龄为10年以上的专业运动员与工龄为7~9年、4~6年和1~3年专业运动员的薪酬之间具有显著性差异，工龄为10年以上的专业运动员的薪酬要高于所有其他工龄阶段的专业运动员的薪酬；工龄为7~9年的专业运动员的薪酬要高于工龄为4~6年和工龄为1~3年的专业运动员的薪酬；工龄为4~6年的专业运动员的薪酬要高于工龄为1~3年的专业运动员的薪酬。结果说明随着从业年限的增加，专业运动员的薪酬也随之增加。

通过对不同运动项目的专业运动员的薪酬进行多重比较显示，游泳专业运动员的薪酬要高于田径、击剑、体操专业运动员的薪酬；体操专业运动员的薪酬要高于田径、击剑专业运动员的薪酬；击剑专业运动员的薪酬要高于田径专业运动员的薪酬。

通过对不同区域的专业运动员的薪酬进行多重比较显示，东部地区的专业运动员的薪酬要高于中部和西部地区的专业运动员的薪酬；中部地区的专业运动员的薪酬要高于西部地区的专业运动员的薪酬。

二、职业运动员薪酬影响因素分析

职业运动员是指由个人、企业或俱乐部等投资培养，专门从事体育竞赛训练与表演，从中获取报酬，并以此作为生活来源的运动员。职业运动员多数是以经济收入为目的，且专门从事某种体育项目的运动员。当前我国职业体育正处于快速发展阶段，从事职业体育的运动员数量与日俱增，其中以篮球、台球和足球项目最为典型。当前，职业项目运动员之间薪酬存在比较大的差异，主要表现在不同项目或同项目不同级别运动员之间。

通过对职业运动员的薪酬进行多因素方差分析可知，运动员的运动成绩、俱乐部的投资主体和俱乐部的战略对职业运动员薪酬的影响非常显著；运动项目的市场化程度对职业运动员薪酬的影响显著。这说明运动员的运动成绩、俱乐部的投资主体、俱乐部的战略和运动项目的市场化程度是影响职业运动员薪酬的主要因素。

进一步对不同运动成绩的职业运动员薪酬进行多重比较发现，国家队核心队员与国家队主力（俱乐部核心）队员、俱乐部主力队员、俱乐部一般队员和俱乐部新手的薪酬之间存在着显著性差异，其中国家队核心队员薪酬是最高的；国家队主力（俱乐部核心）队员与俱乐部主力队员以及俱乐部一般队员和俱乐部新手薪酬之间存在显著性差异，俱乐部主力队员与俱乐部一般队员和俱乐部新手的薪酬之间也存在显著性差异。

通过对运动项目市场化程度不同的职业运动员薪酬进行多重比较发现，运动项目市场化程度高的运动员与运动项目市场化程度中等和运动项目市场化程度低的运动员薪酬之间存在着显著性差异，运动项目市场化程度高的运动员薪酬最高；运动项目市场化程度中等的运动员薪酬次之，运动项目市场化程度低的运动员薪酬最低。

通过对俱乐部投资主体性质不同的职业运动员薪酬进行多重比较发现，私有企业投资的俱乐部运动员与混合投资（私有企业和国有企业）的俱乐部运动员和国有企业投资的俱乐部运动员的薪酬之间存在着显著性差异，私有企业投资的俱乐部运动员薪酬最高；混合投资（私有企业和国有企业）的俱乐部运动员薪酬次之，国有企业投资的俱乐部运动员薪酬最低。

通过对不同俱乐部战略的职业运动员薪酬进行多重比较可见，俱乐部战略为稳健型的职业运动员与俱乐部战略为拓展型的职业运动员和俱乐部战略为收缩型的职业运动员薪酬之间具有显著性差异，俱乐部战略为稳健型的职业运动员薪酬最高；俱乐部战略为拓展型的职业运动员薪酬次之，俱乐部战略为收缩型的职业运动员薪酬最低。

三、半专业半职业运动员薪酬影响因素分析

半专业半职业运动员作为运动员职业类别的重要组成部分，当前在我国各项运动项目中广泛存在，如国家队和省体工队中的羽毛球队、排球队和乒乓球队员多属于半专业半职业类运动员。这些运动员由于从事的运动项目收入较低，在担任运动项目队员的同时在外面兼职各种工作，如运动项目训练、培训指导，学校体育教师等业余工作。根据半专业半职业运动员薪酬结构的组成可知，半专业半职业运动员的薪酬主要有两部分构成，一部分是国家下发的固定薪酬；另一部分是运动员参加职业联赛所获得的浮动薪酬。因此，该类运动员薪酬影响因素的分析应从以下两部分进行。

1. 半专业半职业运动员固定薪酬的影响因素分析

通过对半专业半职业运动员固定薪酬的多因素方差分析可知，性别因素对半专业半职业运动员固定薪酬的影响并不显著；运动员工龄、运动项目、运动员所在区域、运动员级别对半专业半职业运动员固定薪酬的影响非常显著。

进一步对不同工龄的半专业半职业运动员固定薪酬进行多重比较发现，工龄为10年以上的半专业半职业运动员与工龄为7~9年、4~6年和1~3年的半专业半职业运动员的固定薪酬之间具有显著性差异，工龄为10年以上的半专业半职业运动员的固定薪酬最高；工龄为7~9年的半专业半职业运动

员的固定薪酬次之；工龄为4~6年与工龄为1~3年的半专业半职业运动员的固定薪酬最低。从上可知，从业年限会对半专业半职业运动员的固定薪酬造成一定的影响。

通过对不同项目的半专业半职业运动员的固定薪酬进行多重比较发现，羽毛球运动员的固定薪酬要高于乒乓球运动员的固定薪酬，两者之间具有显著性差异，这说明运动项目是影响半专业半职业运动员固定薪酬的一个因素。对不同区域的半专业半职业运动员的固定薪酬进行多重比较发现，东部地区的半专业半职业运动员的固定薪酬与中部地区、西部地区的半专业半职业运动员的固定薪酬之间具有显著性差异，东部地区的半专业半职业运动员的固定薪酬最高；中部地区的半专业半职业运动员的固定薪酬要高于西部地区。这说明不同区域的半专业半职业运动员的固定薪酬之间存在差异，运动员所在区域成为影响半专业半职业运动员固定薪酬的一个因素。

进一步对不同级别的半专业半职业运动员的固定薪酬进行多重比较发现，国际级运动健将的固定薪酬与运动健将、国家一级运动员、国家二级运动员的固定薪酬之间具有显著性差异，国际级运动健将的固定薪酬最高；运动健将的固定薪酬比国家一级运动员的固定薪酬要高。国家一级运动员的固定薪酬高于国家二级运动员。上述说明不同等级的半专业半职业运动员的固定薪酬之间存在差异，运动员等级成为影响半专业半职业运动员的固定薪酬的一个因素。

2. 半专业半职业运动员浮动薪酬的影响因素分析

通过对半专业半职业运动员浮动薪酬的多因素方差分析可知，运动成绩、运动项目的市场化程度、俱乐部投资主体性质、俱乐部战略对半专业半职业运动员浮动薪酬的影响非常显著。

　　进一步对不同运动成绩的半专业半职业运动员的浮动薪酬进行多重比较发现，国家队核心队员与国家队主力（俱乐部核心）队员、俱乐部主力队员、俱乐部一般队员和俱乐部新手的浮动薪酬之间存在着显著性差异，国家队核心队员的浮动薪酬最高；国家队主力（俱乐部核心）队员的浮动薪酬次之；俱乐部主力队员与俱乐部一般队员和俱乐部新手的浮动薪酬之间也存在显著性差异。这说明运动成绩是影响半专业半职业运动员浮动薪酬的一个因素。

　　通过对运动项目市场化程度不同的运动员浮动薪酬进行多重比较表明，运动项目市场化程度高的运动员与运动项目市场化程度中等的运动员和运动项目市场化程度低的运动员浮动薪酬之间具有显著性差异，运动项目市场化程度高的运动员浮动薪酬最高；运动项目市场化程度中等的运动员浮动薪酬较运动项目市场化程度低的运动员浮动薪酬要高。由此可见，运动项目市场化程度越高，半专业半职业运动员浮动薪酬越高；运动项目的市场化程度是影响半专业半职业运动员浮动薪酬的一个因素。

　　通过对不同性质投资主体的半专业半职业运动员的浮动薪酬进行多重比较发现，私企投资的半专业半职业运动员与混合投资（私企和国企）的半专业半职业运动员、国企投资的半专业半职业运动员浮动薪酬之间存在着显著性差异，混合投资（私企和国企）的半专业半职业运动员与国企投资的半专业半职业运动员浮动薪酬之间存在着显著性差异。私企投资的半专业半职业运动员浮动薪酬最高，其次是混合投资（私企和国企）的半专业半职业运动员，浮动薪酬最低的是国企投资的半专业半职业运动员。这说明俱乐部投资主体的性质对半专业半职业运动员的浮动薪酬存在着影响。

进一步对俱乐部不同战略的半专业半职业运动员浮动薪酬进行多重比较可知，俱乐部战略为稳健型的半专业半职业运动员与俱乐部战略为拓展型的半专业半职业运动员和俱乐部战略为收缩型的半专业半职业运动员浮动薪酬之间存在着显著性差异；俱乐部战略为稳健型的半专业半职业运动员浮动薪酬最高，其次为俱乐部战略为拓展型的半专业半职业运动员，俱乐部战略为收缩型的半专业半职业运动员浮动薪酬最低。

第四章　我国专业运动员对薪酬现状的认知情况分析

随着我国竞技体育市场化的推进，薪酬逐渐成为影响竞技体育发展的要素之一。对于运动员薪酬而言，要从"内部一致性、外部竞争性、激励性、管理的可行性"四个方面来考虑，准确掌握运动员对目前实施的薪酬体系的认知情况，可以有效了解薪酬设置的合理与否，进而为薪酬体系的改进提供可借鉴的理论与建议。

第一节　研究结果与分析

一、专业运动员薪酬现状

目前，我国运动员的薪酬主要按2007年六部委联合出台的《运动员聘用暂行办法》执行。以体育津贴奖金制为主，运动员薪酬=基础津贴+成绩津贴+奖金，奖金分为平时训练奖和一次性奖金。

基础津贴根据运动员不同水平设置，共分为20个档次。不同的津贴标准对应不同档次。运动员按照工作表现和运动年龄套改相应的基础津贴，从入队2年到19年以上，共计14档，分别执行相应的基础津贴标准。

成绩津贴是根据运动员所取得的最高获奖名次来确定的。运动员创造世界纪录的，按奥运会比赛项目世界第一名的成绩津贴标准执行。

奖金是为了鼓励运动员刻苦训练、为国争光，并表彰在国内外各类重大体育比赛中获得优秀成绩的运动员。奖金分为一次性奖金和平时训练奖：

1. 根据运动员的参赛层次和获奖名次，按国家和省有关体育奖励办法的规定发放一次性奖金。

2. 对在平时训练中能按要求完成训练计划、训练刻苦的运动员，发放平时训练奖。

3. 其他。第一，对广告和商业活动的收益具有部分享有权。对于专业运动员的商业收入，一般要求缴纳50%，自留50%。具体方式没有固定的模式，多是由主管单位与地方体育局协商制定。第二，部分优秀运动员享有退役安置等优惠政策。体育局安置退役运动员主要包括三种方式：保送高校、买断和政策性安置。

二、专业运动员薪酬满意度调查分析

满意度是运动员对自己薪酬的感知，薪酬满意度高意味着所得大于或等于自己付出，因此有利于继续促进运动员的训练和比赛积极性；反之，如果满意度低则说明运动员对自己的薪酬不满，有提高自己待遇的内在要求，如果长期得不到满足，就会降低运动员的训练积极性，影响他们继续训练与比赛的动机。

通过调查表明，运动员对薪酬满意度的选择分别为适中占41.01%，较不满意占21.91%，非常不满意占18.51%，较满意占17.43%，非常满意占2.14%。由此可见，对薪酬持负面态度的占总人数的40.42%，持正面态度占比不足20%。选择态度中立的占40%左右。另外，对运动员奖金收入的调查结果与满意度相近，说明运动员对总体薪酬和奖金的分配多持负面态度。

三、专业运动员对单位（俱乐部）分配公平性的评价

对薪酬满意度的调查主要目的在于考察专业运动员薪酬的外部竞争力。而对分配政策的调查主要是侧重于内部公平性，即专业运动员行业内部相互之间的利益分配、等级序列是否合理。薪酬的内部公平性是考评薪酬制度是否科学的重要依据之一。

调查结果表明，有3%的运动员认为非常不公平；19%的运动员认为较不公平；67%的运动员认为基本公平；6%的运动员认为非常公平；5%的运动员选择回避。以上可见，对单位分配政策持肯定态度的占78%以上，持否定态度的占22%，由此可见，当前运动员对内部分配政策较为满意。试训队员中32%的运动员认为分配不公平，46%认为基本公平，而高达22%的试训队员没有选择。

通过对选择较不公平的运动员群体进行细化分析发现，在19%的认为较不公平的队员中多是在训达5年以上的，这类队员经过多年训练成绩未能进一步提升，参赛机会少，获得比赛奖金的机会少，薪酬涨幅不大，与新加入队员拉不开差距，由此逐渐产生抵触和消极的情绪。在选择非常公平和基本公平的队员中多是年轻队员，尤其是刚由体校转入到体工队或者由试

训的转为正式队员的群体。

四、专业运动员对付出与回报关系的认知

按照泰勒（F·W·Taylor）绩效=能力×积极性的理论，只有运动员认为自己的付出物有所值，训练积极性才会提高。调查结果表明，5%的运动员认为自己的收入回报极不合理；19%的运动员认为较为不合理；70%的运动员认为基本合理或者较为合理；6%的运动员选择收入与回报完全相符。这一结果体现出多数运动员对自己的付出与回报还是比较满意的。

五、专业运动员对队员之间薪酬差距的认知

"在大多数情况下，单是社会接触就会引起竞争心和特有的精神振奋，从而提高每个人的个人工作效率"。当运动员薪酬差距过大时，会激励高薪运动员的训练积极性——以保持在队中的领头羊地位和优势。但是这样却会导致其他运动员的不满，影响整体团结和训练积极性。反之，薪酬差距过小则会导致优秀运动员训练积极性的下降。结果显示，4%的运动员认为薪酬差距极为不合理；20%的运动员认为较为不合理；68%的运动员认为基本或者较为合理；8%的运动员认为非常合理。由此可见，多数运动员对他们相互之间的薪酬差距持肯定态度。对于知名运动员的超高收入，多数运动员表示理解和接受。

六、不同单位奖惩制度情况

奖惩制度是激励手段之一。尽管国家对专业运动员制定了统一的薪酬管理体系，但省市会依据自身情况制定相应的奖惩制度。有些是制度化的，有些则是临时性的。从奖惩制度来看，侧重于奖励制度的完善——全部的省份都制定了详实的奖励政策，而惩罚制度则不太健全，多数是以队规、内部条例的形式呈现。

七、对目前专业运动员福利待遇满意度调查

专业运动员福利主要包括三种：运动员保障体系；为运动员训练和生活提供方便而设立的福利设施，如运动员食堂、康复按摩室、浴室等；为满足运动员精神生活而设立的教育设施、娱乐休闲设备和住宿等。

调查表明，选择极不满意的占6%；较不满意的占46%；而选择基本满意的占38%；很满意的只占10%。总体看来，运动员对单位给予的福利待遇不满意的超过五成。主要问题在于：对运动员的保障机制尚不完善；精神文化生活和物质生活都有待提高。在随机访问过程中，多数运动员表示饭菜质量有待提高，服装的配备、后勤服务等方面严重不足，难以满足他们日常训练和比赛的需要。课题组通过对各地运动员的午餐进行调查时发现，用餐形式都是自助餐，运动员可以选择自己喜爱的饮食，但是没有特别的营养配餐或者饮食指导。

八、单位教练、领导对专业运动员建议的重视程度

上级对员工意见的重视程度是隐形薪酬中的重要组成部分。调查显示，目前专业运动员对这类隐形薪酬满意度较高：选择非常不重视的仅占6%，不重视的占10%，选择重视的占46%，非常重视的占38%。由此可见，当前教练（或领导）与运动员之间互动较强，以往教练的"家长式"管理有所改进。原因有二：一是运动员的流动性加强，对教练的依附性减弱。尤其是优秀运动员，会成为各队竞相争夺的"香饽饽"，话语权有所提高。二是运动员自我意识逐步增强，对维护自身权益的要求日益提高。

九、专业运动员对单位外在环境和训练条件的满意度分析

良好的人文和自然环境也是对运动员的一种隐形的奖励。调查显示，运动员对单位训练环境和训练条件满意程度都较高，说明随着我国经济条件的不断提高，随着国家投入的增加，尤其是在2008年北京奥运会、广州亚运会和后来的全运会的助力下，竞技体育得到了前所未有的支持，各省队都配备了专门的医生和科研人员，都设有专门的体能室和康复医疗室。硬件设施和训练器械等都有了长足进步，这些进步体现在运动员对单位训练环境和训练条件的满意程度上，就是持肯定态度的占到80%，持否定态度的仅占14%。

十、专业运动员最期望的薪酬形式

调查表明，专业运动员期望的薪酬形式从高到低依次分别为：退役安置（100%）、教育进修（90%）、退役资助（85%）、晋升机会（65%）和精神薪酬（20%）。根据马斯洛需求原理不难理解，对于多数运动员而言，最为迫切的就是生理上的需求，而对安全和精神层面的需求相对较弱。

第二节　结论与建议

一、内部基本公平，外部竞争不足

调查表明，我国运动员薪酬的构成（基本工资+奖金+津贴）基本实现了内部公平和竞争的目的。但目前薪酬的"对外竞争性"还稍显不足，即与不同行业相比处于劣势，使得人力资源价值被低估，从运动员薪酬情况可以看出，尽管收入逐步向市场化靠拢，也取得了长足进步，但是作为"赋有竞技专有权"的运动员而言，他们的付出与收益仍存在较大差异。作为特殊人才的他们，无论是付出的劳动强度还是承受的心理压力等都要超过一般工种。"大家都知道当运动员辛苦，比如，举重运动员每天要经受累计4万公斤重量的负荷"。因此应进一步提高运动员的薪酬水平，增强这一职业的外部竞争力。

二、注重经济性薪酬的提高，忽视非经济性薪酬

改革开放以来，各地都加大了对专业训练的经济投入。运动员的薪酬也从20世纪80年代的几十元，发展到今天的刚刚入队的几千元，而且退役时也有相应的退役和成绩补助。如何构建和健全运动员尤其是垫脚运动员的保障体系，优化训练环境，提高运动员成就感、归属感，通过教育切实提高运动员水平等成为当前我国竞技体育行业面临的主要问题。

三、奖罚制度不完善，赏罚不明

市场经济中不少运动员在薪酬不高、退役困难的情况下，之所以能坚持选择竞技体育这条道路，原因之一是一旦获得名次后随之而来的奖金、赞助和商业广告会改变自己的一生。然而，当这些运动员真的获得成绩时却因为奖励制度不完善，使得分配出现分歧，甚至有的运动员被迫选择退出。而且，多数政策制定仍不完善——尽管规定了奖金分配方案，但是对于运动员名誉权、肖像权等问题并未涉及，一旦出现运动员参与广告、赞助等行为时，必然会引起新的纷争。因此应在现行法律框架内尽快制定出相应的政策和分配模式。

另外，要依据相关法规和训练要求，逐步建立和完善相关惩罚措施。惩罚与奖励同是激励运动员刻苦训练的必要手段，前者是被动、消极的"拉力"，后者是主动、积极的"助力"，对待不同运动员应使用不同教

育手段。而惩罚的依据就是相关规定和条例。从各地运动员的反馈情况来看，基本都重视对运动员的奖励措施，忽视了惩罚制度的完善和执行。因此，一旦出现问题只能临时召开会议或者由上级部门强制处理。只有建立完善的奖惩制度才是对运动员特别是优秀运动员真正的保护。

四、理顺运动员的权利与责任

国家作为专业运动员的投资方，有权利享有由此带来的效益。而运动员既是生产资料本身，也是生产者，因此其对于劳动产品的回收效益，也具有享有权、使用权和支配权等。由于两者权益交叉，容易产生利益纠纷。这一问题应从双方投资的最终目的入手，就可厘清两者之间的关系与利益归属。与真正的职业运动员相比，事业编制运动员参赛的目的也是追求效用最大化。如运动员参加国际大赛获得荣誉，国家和地方会给予奖金鼓励，表示对其成绩的认可。同时专业运动员应尽的责任就是尽量创造出优异成绩。

主管单位投入→国家荣誉的提高（效用最大化）；运动员投入→个人薪酬的获取（利润最大化）。按照这种逻辑关系，一旦运动员获得成绩就完成了国家赋予的责任和义务。如果运动员由于自身人格魅力、个人知名度、外部形象等带来的收益自然应归属个人，主管单位制定相应政策予以限制或者强占必然违背了对专业运动员的培养初旨。这不仅混乱了权利与义务的关系，还侵犯了运动员的权益，必然引起他们的反抗。有人认为，运动员的知名度是与国家的培养分不开的。这种观点依然混淆了权利与义务的对应关系——国家投入是为了获得成绩，而不是为了运动员的个人品牌溢价带来的收益。显然，对于运动员的商业收入，主管单位与地方体育局并不应涉足。

第五章　运动员薪酬制度的发展建议

第一节　运动员薪酬制度的建议

一、专业运动员薪酬制度的建议

专业运动员的薪酬主要由基本工资、训练津贴、成绩津贴、奖金组成，对运动员进行评价时往往过于关注其成绩而忽视了对过程绩效的评价。因此，这种薪酬制度忽略了外部的竞争性，即与国外同等水平的选手相比是否具有竞争力。专业运动员之间薪酬的差异主要由于在市场经济背景下专业运动员的人力资源价值得不到足够的重视。如此一来，必然会降低这一行业的吸引力，进而降低专业运动员的质量和水平。因此，需要强化专业运动员的外部竞争力，提升专业运动员自身的社会生活能力。第一，准确把握专业运动员的发展方向。对于大多数专业运动员而言，其运动生涯大都不会很长。所以，在提高赛事奖励的同时还应当加强专业运动员的非经济激励，如外出学习、理论知识培训、决策参与等，这样不仅可以使专业运动员的社会生活能力得到提升，扩展其收入渠道，而且还有利于专业运动员的后续发展。第二，加强专业运动员的文化教育，强化其市场竞争力。无论是在体坛取得巨大成功的明星级运动员，还是默默付出但最终未能取得可观成绩的普通运动员，其共同的特征都是训练占据了他们的大多数时间，所以其接受文化教育的机会少。即使在国家政策支持下，许多运动员进入高校获得一定的学历，但真正用来学习的时间和机会十分有限。因此，强化专业运动员的文化修养，增强专业运动员的文化素养，提升专业运动员退役后的社会工作能力显得尤为必要。第三，加强专业运动员的退役保障工作。专业运动员退役后的工作保障作为薪酬待遇的重要组成部分，自始至终都是运动员关注的重大问题。可靠的退役保障工作不仅是激励运动员积极向上、安抚其心理的重要法宝，而且对于整个竞技体育后备人才的培养与选拔都是至关重要的。因此，国家应该重视专业运动员的退役保障工作，以公平、公开、自愿的原则为其安排和引导退役后工作，即对有能力且自愿选择自主择业的运动员，应遵从其选择权利；对于能力欠缺或无合适工作的退役人员，可以实行以本行业工作为主、多渠道就业的安抚办法，针对具体工作需求有针对性地对运动员进行专业培训，提升其就业和工作能力。第四，提高专业运动员基础工资比重，实行多元的工资考核标准。工资考核制度直接关系到运动员的薪酬待遇，为解决当前存在的专业运动员收入差距大和部分运动员最低生活难以保障的问题，国家应转变单一依靠竞赛成绩的薪酬制度，实行多元薪酬考核标准，即在突出竞赛成绩的同时，还应加强对运动员训练态度、技术水平、进展情况以及家庭状况等指标的考核，在多种形式激励运动员刻苦训练的过程中实现运动员薪酬待遇的多元式增长。此外，还应逐年提升运动员的最低工资标准，使运动员的生活得到有效保障。

二、职业运动员薪酬制度的建议

职业运动员的薪酬主要由基本工资、训练津贴、出场费、奖金和商业广告组成。近年来，随着我国体育赛事的职业化发展，许多运动员的薪金都呈现出快速增长的态势，而且职业运动员由于运动成绩、市场化程度、投资主体性质、俱乐部战略等方面的差异，其薪酬也呈现出很大的差异。职业运动员的薪酬与其比赛成绩和市场价值直接挂钩，所以即使竞技水平相差很小，但比赛成绩的好坏仍会导致薪酬的巨大差异。这种单一由市场进行调节的方式带有一定的盲目性和局限性，"赢者全得型"的收入分配方式不仅会大大降低职业运动员的安全感，而且还容易产生短期行为，进而表现为暴力行为、违禁行为等，不利于充分激发职业运动员的积极性，更难以激活我国的职业赛事市场。为保障职业体育市场规范运行，增加职业体育发展活力，政府和职业体育俱乐部都应努力寻找职业运动员薪酬待遇和薪酬制度的平衡点，激发职业运动员的工作积极性，从而提升职业体育俱乐部的经营效益，促进我国职业体育市场良性可持续发展。因而需要不断健全职业运动员的薪酬制度。第一，运用现代企业管理办法实施科学的俱乐部薪酬制度。由于我国职业体育市场正处于快速发展时期，俱乐部运行管理办法发展还未成熟，运动员薪酬制度在市场经济利益的诱导下，出现了薪资效率发挥不充分、薪酬分配不公平的现象。因此为促进职业体育市场高效可持续发展，保障运动员薪酬分配公平公正，激发职业运动员的积极性，须在充分借鉴国外先进俱乐部薪酬管理机制的基础上加快构建适合我国职业体育俱乐部发展的运动员薪酬制度。第二，明晰政府与企业的关系。正确处理政府和体育俱乐部之间的关系是促进职业体育市场高效、快速发展的基本前提。针对当前我国职业体育市场存在的政府管得过多、企业活力不足的问题，应该建立"政府宏观引导、企业参与"的职业体育市场运行机制，在下放政府权力的过程中提升体育俱乐部的自由发展空间。政府主要承担职业体育市场宏观政策的制定、健全职业体育运行法规机制以及加大职业体育领域扶持力度等工作，而俱乐部的战略目标制定、联赛规则、运动员薪酬管理、赛事运营等方面则应交由市场，让俱乐部实行自主管理，从而促进职业体育市场的快速发展和高效率、公平的运动员薪酬制度的建立。第三，培育专业体育经纪人。体育经纪人专门从事体育市场开发和经营，分为个人经纪人和企业经纪人。个人经纪人通常指的是职业运动员的个人经纪人，企业经纪人是指体育企业、商业性组织和俱乐部的经纪人。由于体育经纪人实行的聘用制，其薪酬收益直接与雇佣方获得的经济效益挂钩。这种情况下，体育经纪人为获得较高的薪酬势必会努力提高聘用者的经济效益，实行利于激发职业运动员积极性的薪酬制度。因此，优秀体育经纪人的培养与雇佣对职业运动员薪酬制度具有较大影响。体育经纪人在经营的过程中会通过各种渠道对运动员的有形价值和无形价值进行开发，从而实现运动员薪酬水平的提高。

三、半专业半职业运动员薪酬制度的建议

半专业半职业运动员的薪酬主要由基本工资、赛季奖金、成绩奖金组成，其固定薪酬部分主要受性别、级别、工龄、项目、区域等因素影

响，浮动薪酬主要受运动成绩、市场化程度、投资主体性质、俱乐部战略等影响。但是，由于我国竞技体育的职业化进程还处于转型期，很多运动项目没有实现真正的职业化，如羽毛球、乒乓球等，这些运动员大都隶属于省市的专业队，只是在赛季期间代表俱乐部比赛。尽管运动员的薪酬由俱乐部支付，但是在运动员的管理上都是由各专业队共同管理的，灵活性不强，而且对运动员的激励作用不大。因此，需要从以下几个方面进行调整。第一，扶持弱势项目和强化优势项目运动员的薪酬待遇。新中国成立以来，我国长期偏重现代体育项目的竞技化，加上几次外来文化的冲击，致使我国许多民族文化色彩浓厚的传统体育项目发展相对落后，同时也造成了不同项目运动员薪酬待遇存在差距的问题。由于传统项目运动员多属于半专业半职业运动员，薪酬差距主要出现在传统项目与现代项目的半专业半职业运动员群体中。针对这种问题，无论是政府还是体育俱乐部都应重视对"弱势"项目运动员的薪酬扶持，通过市场运作加强其宣传推广，提升"弱势"项目运动员的市场价值，多渠道增加其收入。而对于"强势"项目的半专业半职业运动员，则应想办法维持或提高其薪酬水平，以便更好地激发其积极性和荣誉感。第二，放宽俱乐部的融资渠道，鼓励社会资本参与投资。不言而喻，运动员的薪酬待遇与其所在俱乐部的经济实力和经济效益是成正比关系的，因而增强俱乐部经济实力亦是增加运动员薪酬待遇的有效渠道。半专业半职业运动员的薪酬待遇同样如此，俱乐部商业效益和经济实力的增强势必会带动其薪酬水平的提升。因而拓宽俱乐部的融资渠道，吸收各种社会资本进行融资，倡导社会各阶层参与体育俱乐部投资，让俱乐部市场经济活力竞相喷发是实现提升俱乐部收益和增强俱乐部经济实力的有效措施。第三，科学分析和预测俱乐部联赛市场，制定稳健型的发展战略。科学分析和预测市场中的联赛需求，建立稳定的联赛机制是确保半专业半职业运动员收入稳定和提升的重要前提。基于此，俱乐部应在充分考虑社会经济环境的前提下真实了解市场赛事需求，制定适应不同经济环境的发展战略，稳定赛事举办机制，这样才能更好地提升半专业半职业运动员在实现收入稳步提高的同时兼顾不同运动员薪酬待遇的公平分配。第四，加快职业体育市场化进程，提供更多的受益机会。半专业半职业运动员的收入根本上还是由其从事的体育项目的市场化程度决定的，只有项目商业化、市场化水平得到提升，其收入渠道才会变得更加多元，收入也才会实现稳步增长。因而，政府应该充分履行经济服务职能，出台相关政策从宏观上引导和鼓励俱乐部市场化。俱乐部自身在加强融资能力建设的过程中，更应注重自身的宣传工作，借助各种渠道加大自身的宣传力度，扩大市场消费需求。

四、结论

根据人力资本和劳动经济学相关理论，将运动员主体划分为专业、职业和半专业半职业运动员三类。当前，这三类运动员的薪酬待遇无论是从同类项目、异类项目还是同项目不同级别运动员的角度看都存在不同的差距，尤其表现在奥运项目与非奥运项目和不同级别运动员两方面。专业运动员薪酬差距的主要影响因素有性别、级别、工龄、项目、区域；职业运动员薪酬差距的主要影响因素有运动成绩、市场化程度、投资主体性质、俱乐部战略；半专业半职业运动员由于兼具上述两类的特点，其固定薪酬的主要影响因素有性别、级别、工龄、项目、区域，浮动薪酬的主要影响因素是运动成绩、市场化程度、投资主体性质、俱乐部战略。提高低收入运动员的薪酬水平，缩小运动员之间的收入差距，专业运动员方面，应准确把握运动员的发展方向，注重非经济激励，强化运动员文化教育，提升市场竞争力；加强专业运动员的退役保障工作；提高专业运动员的基础工资，实行多元的工资考核标准。职业运动员方面，应运用现代企业管理办法实施科学的俱乐部薪酬制度，明晰政企关系，培育专业的体育经纪人。半专业半职业运动员方面，应扶持弱势项目和强化优势项目运动员的薪酬待遇，放宽俱乐部的融资渠道以鼓励社会资本参与投资，科学分析和预测俱乐部联赛市场以制定稳健型的发展战略，加快职业体育市场化进程以提供更多的受益机会。

第二节　我国职业运动员薪酬问题解决路径

多元化发展既是当前世界发展的基本特征，也是未来社会发展的必然趋势。我国的职业化道路是区别于西方发达国家的一种模式选择，是基于自身历史与特殊体制的必然选择。我们在发挥自身优势的时候，更要审视发展过程中存在的问题，只有用批判的眼光去剖析内在矛盾才能在自我完善的道路上健康发展。

一、积极融入国际职业联赛的大环境

当前，我国职业运动员薪酬呈现快速增长。虽然这样可以在短时间内提高队伍竞争力，但长远来看必然迫使俱乐部不断提高投入，影响俱乐部的健康发展。一方面，高价聘请明星外援加盟，却未能取得预期成效。另一方面，国内联赛高薪还使得国内运动员不愿放弃高薪，去运动水平更高的联赛锻炼。我国各项联赛应积极建立与世界发达联赛的联系，通过相互沟通，借鉴他们的评价体系与标准，积极促进交流，这样才有利于我国俱乐部制定出合理的薪酬制度。

无论是发达国家的从下向上的改革，还是我国的自上而下的改制，其最终的目的无疑是实现体育的职业化与市场化，从而实现体育企业行为的自主化和市场关系的平等化，逐渐有社会力量承担起体育事业的发展。行政职能主要体现在战略目标制定、青训体系管理、联赛法规制定与实施等方面。而赛事运营、队员薪酬等问题则交由联赛协会管理。要做到各负其责，各尽其能。另外，要厘清联赛与国家利益之间的关系，联赛固然应考虑其公共效用，但国家荣誉并非联赛的第一要务。强行将国家利益施加于职业联赛上未必能取得理想结果，而过多的干涉必然导致运动员薪酬变化无序。

二、培养现代市场所需的专业人才

我国运动员薪酬问题较为突出，固然有历史、体制等方面的原因，但专业人才匮乏也是原因之一。体育职业化需要专业的经理人进行管理。就市场而言，优秀的经理人是一个企业的灵魂。缺乏这一角色，企业发展与运动员薪酬必然陷于混乱。另外，现代职业联赛除了教练、运动员、管理人员之外，经纪人也对运动员薪酬起着重要作用，多数明星运动员都有自己专属的经纪人，他们承担着运动员的薪酬评价、角色发掘以及谈判等责任。目前，我国在经纪人培训、管理方面还有很大的进步空间，我国职业联赛还有很长的路要走。要想进步，首先就要发展体育管理人才建设，培养体坛交流、转会与谈判方面的专业性人才。

三、不同行业寻求适宜发展的道路

尽管很多项目具备职业化的条件，但是并非所有项目的发展路径都是一致的。多数项目应立足自身特征，找出优势与劣势，并进行精确定位才能更好、更健康地发展下去。因此，我国职业联赛发展应立足自身特点，寻求最适合自己的发展路径，一味盲目借鉴与制定不切实际的目标往往对自身发展不利。

第三节　运动员薪酬发展新路径

一、薪酬设置体现"以人为本"的核心理念

薪酬既是实现激励作用，促进资本效益最大化的重要手段，也是满足个

体发展的前提物质基础。随着信息社会的到来，员工成为企业经营成功的关键，利润最大化的实现取决于对员工的管理。"人本主义"成为薪酬管理的核心思想。以人为本的理念侧重员工积极性的推动以及潜能的开发。

对于体育事业同样如此，当社会资源匮乏时，国家不得不选择缩短战线、保证重点的策略，利用举国体制，将有限资源用于发展重点项目上，号召运动员贯彻"三从一大"思想，力争实现竞技体育成绩的突破，此时的运动员以国家和集体利益为本，个人则是社会主义建设的"一片瓦""一根钉"。随着我国经济的快速发展，竞技体育事业得到长足进步，在市场经济推动和体制改革的大背景下，部分项目逐步走向市场，市场经济以"逐利"为最根本的目的，而运动员则是实现利益最大化的载体，企业（俱乐部、行业协会等）以运动员创造最佳成绩、实现效益最大化为根本目的。

随着科学与时代的进步，更强调人的自我价值的实现、人的多层次需求和社会属性的现代人本主义，这些逐步成为现代薪酬管理的核心理念。运动员既是竞技竞赛的表演者，更是社会成员的重要组成部分，他们一方面为社会贡献出精彩的表演，同时他们也享有与大众同等的发展权利，无论是强调国家本位还是物质本位都不能抹杀运动员作为"社会人"的现实，另一方面也只有以人为本，才能从根本上促进他们训练、比赛的积极性，从而实现竞技体育的不断前行。

二、薪酬设计积极引进现代企业管理理念

目前，我国职业体育俱乐部尽管已经逐步融入市场经济，但是相应的法制建设和制度建设仍落后于俱乐部硬件发展的步伐，行政管理和规范化程度不足，随意性较强。具体表现为人员职责不清，管理制度不健全，部分行政部门越界管理企业等现象时有发生。俱乐部内部，领导层权力过于集中。外部职业队伍建设缺乏相应的法律依据，处理俱乐部利益冲突与矛盾时，法制往往起不到相应的作用。薪酬方面，传统管理体制下的薪酬体系已经难以有效地支持现代企业的经营战略，尤其是在竞技体育市场化、职业化进程中，原有的薪酬体系已经严重影响到他们的健康发展。首先，原有薪酬体系激励效果不佳，缺乏弹性。薪酬差距不能真正体现运动员的能力、天赋及训练和比赛的付出。其次，制度僵化，缺少凝聚力，不利于合作氛围的形成。传统体制中运动员为国家、地方荣誉而奋斗，随着市场的介入，企业赞助、广告、奖金等使得收入呈现多样化趋势。传统薪酬制度面对这种转变产生极大的不适，表现在现实中就是运动员对自身权益维护的要求不断提高，运动员与教练、俱乐部以及投资方逐步产生分歧，影响到竞技体育的健康发展。最后，传统薪酬战略往往将目标定为吸引和保留员工方面，激励机制不足。因此，应采用现代企业管理制度，遵从市场经济法则。为了适应市场机制，发展职业体育，必须引入现代企业管理制度，尽快构建职业体育俱乐部现代管理机制，以实现职业体育俱乐部规的范化和法制化管理，做到有法可依、执法必严。同时敦促和帮助各俱乐部建立和完善内部管理制度，如工资制度、运动员退役保险、奖励制度、退役就业帮扶制度等，并加大监控力度，使得

这些制度得以贯彻执行。

三、保障运动员受教育权利

教育是非经济性薪酬的重要组成部分，竞技体育这一行业的特殊性决定了绝大多数运动员职业生涯是短暂的，一旦体育生涯结束就意味着运动员必须重新进行职业选择。而职业转换带来的问题就是不同职业之间的对接，显然教育是两者之间最好的黏合剂。对于运动员而言，让他们享受充分教育的权利是提高他们非经济性薪酬的首选方式。

四、加强退役能力转换的培养，积极引进社会保障体系

拓展就业路径是对退役运动员最好的报酬。在日本、韩国，他们的运动员大都心甘情愿地留在与本身专业有关的圈子里。以足球为例，日本运动员留守足坛的可以达到70%以上，而韩国可达到90%。由于这两个国家足球氛围较好，专业球队需要教练，另外，企业、大学球队都需要技术一流且经验丰富的高水平球员去执教。我国各级队伍及俱乐部应借鉴韩日的成功经验，加强对运动员退役的保障。首先培养他们的执教能力，突出的竞技能力只是成为优秀教练的因素之一，而执教队伍既需要良好的领导能力、沟通能力、技战术能力，还需要良好的表达能力和理解能力。

除此之外，还应加强运动员的伤病、退役保障。法国等国家为运动员在制度上的保障提供了参照模版。早在1946年法国就建立了完善的社会保

障制度，随之建立了运动员的就业、社会保障体系。法国的社会保障体系以及法国实施文化教育与运动技能双向发展的体育后备人才培养政策，使法国的适龄运动员已经具备一定的职业技能和基本素质。另外，法国卫生体育部与国家高水平运动员就职的企业签订官方合同，使运动员可以半工半训，企业享受政府补助。

五、提高基础工资所占比重

我国专业队与俱乐部都重视激励机制，对基本薪酬重视不足，造成部分项目运动员最基本的生存需要得不到满足，这必然会影响正常训练和比赛。我国一名著名的田径运动员曾在政协会议上提出，他的工资只有2 000多元，当然这是指基本薪酬，另外，男排、女足、冰壶等队伍都存在这个问题。而我国国家统计局的《新世纪实现新跨越新征程谱写新篇章》报告中提出，2011年，我国人均国内生产总值为35 083元。这就意味着，这些稀缺人才的价值刚刚达到或低于人均收入。对于多数运动员而言，这种薪酬显然低于他们自身价值。因此，应适当提高运动员基本薪酬，满足多数运动员的基本生活保障。

第六章　构建专业运动员职级制度的必要性

专业运动员退役后的职业转换和保障问题是国家和各级政府十分关心的重要问题，也是社会各界热议的问题。由此，解决运动员就业难、帮助运动员做好职业转换等课题，已成为体育界和社会有关方面研究的重点。但是，从目前的研究情况看，关于与专业运动员切身利益相关的职级制度方面的研究，与对运动员在役期间的运龄、运动成绩等如何与退役后的职级衔接等问题的研究较为鲜见。

第一节　专业运动员职级制度的含义

职级，即职务等级或职务级别，是单位员工岗位、能力、业绩、资历等的综合体现，也是确定员工薪资待遇的重要依据。专业运动员作为一项特殊职业，已经被国家相关部门所认可。国家在2007年出台文件，明确将专业运动员纳入事业单位，并与事业单位的专业技术岗位、管理岗位、工勤技能岗位并列管理。这项举措解决了困扰运动员多年的"身份问题"，也体现了国家对专业运动员职业价值和职业属性的认可。既然专业运动员被纳入事业单位管理，就必然会涉及现行事业单位的管理制度、政策等问题，如专业运动员的职级、薪酬的确定、退役后的就业保障等。如果要切实的解决这些问题，构建运动员职级制度是必然的选择，也是一项事关专业运动员眼前和长远利益的基础工程。

专业运动员的职级制度，是指在专业运动员序列内，根据运动员的运动年限、运动成绩、技术等级、学历、思想道德水平等综合指标，对运动员的个人工作状况进行评价和分级，并以此作为评定其薪酬待遇的重要依据，使其在职业转换时与社会其他职级制度进行有效对接。此概念体现两层含义，一方面通过专业运动员职级制度的建立来对运动员的在训情况进行有效评价，实施有效激励，调动运动员的训练积极性，稳定运动员队伍；另一方面解除专业运动员的后顾之忧，通过职级制度为运动员职业转换提供有力的政策保障，使专业运动员的职级、薪酬待遇等在职业转换后能够合理、有效地体现和延续。

第二节　我国运动员职级、薪酬制度现状

目前，我国专业运动员职业序列内尚未建立完善的职级制度。在运动员评价体系中，运动员技术等级作为考量运动员运动成绩的依据，只是一个认定性的荣誉称号，基本上不与运动员的职级和薪酬挂钩。

一、运动员技术等级制度现状

运动员技术等级是国家为鼓励运动员刻苦训练，提高运动员技术水平而设立的一项运动技能水平认定性的荣誉，其等级称号由高到低依次为：

国际级运动健将、运动健将、一级运动员、二级运动员、三级运动员。目前，我国运动员技术等级虽然能够在一定程度上反映运动员的运动技术水平，但是，从制度设计和实践情况来看，尚存在一些不足，主要体现在：

1. 未能与薪酬待遇制度合理挂钩。运动员技术等级称号仅仅代表运动员在训期间某一阶段的运动成绩，对运动员在训期间的待遇并没有太大的影响。以某省为例，在役运动员的津贴主要由基础津贴、成绩津贴、岗位津贴、综合补贴组成。运动员技术等级称号只与其中的岗位津贴挂钩，国际级运动健将与运动健将和一级运动员的岗位津贴差距微乎其微。由此可见，运动员技术等级称号对于专业运动员来说，无法体现实际、有效的激励作用。

2. 未能与社会职级制度有效衔接。运动员技术等级与其他行业的专业技术等级相比缺少实质性的内涵，在某种程度上只是一个荣誉称号。运动员退役后，其运动员技术等级称号与单位选择、岗位聘用、拟定职级、工资待遇等方面都缺乏关联性，无法与社会职级制度有效衔接。运动员的职业评价体系明显与社会职业评价体系脱节。

3. 未能获得广泛的社会认同。社会心理学家Tajfel提出的社会认同理论认为，个体通过社会分类对自己的群体产生认同，并产生内群体偏好和外群体偏好。个体通过实现和维持积极的社会认同来提高自尊，积极的自尊来源于内群体与相关的外群体的有利比较。运动员获得优异成绩后可以申报相应的运动员技术等级，但由于运动员技术等级不能给运动员带来什么实际利益，所以群体内对运动员技术等级的认同度并不高，不少运动员对申报运动等级不感兴趣。运动员技术等级在外群体的认同度更为不足，因为社会对运动员技术等级制度的内容、作用等不甚了解。

二、运动员职级和薪酬制度现状

专业运动员在役期间的薪酬，几十年以来一直沿用运动员体育津贴制度，薪酬标准主要根据运动年限和比赛名次确定。由于运动员体育津贴制度未被纳入国家的职级制度体系和薪酬制度体系，导致专业运动员退役后"二次就业"时无法与社会其他行业的职级、薪酬有效衔接。目前专业运动员在职级、薪酬方面存在以下问题：

1. 职业属性不明晰。几十年来，我国运动员一直是被边缘化的职业，运动队虽为全民事业单位，运动员虽须经省级劳动、人事部门批准方可招收，但运动员编制不属于事业单位职工编制；运动员在役（训）期间虽可计算工龄，但不执行事业单位工资制度，而执行体育津贴制度。运动员对自己的职业性质不了解，社会对运动员是否为国家工作人员不明朗，常常把运动员看作是一类特殊的"学生"。

2. 薪酬待遇偏低。事业单位的职工无论在何岗位，都有相应的职级，并享受相应职级的岗位工资和薪级工资。而运动员到目前为止，因"不划分岗位等级"，在役期间没有职级，也无法执行事业单位的工资制度。近些年公务员实行阳光工资，事业单位实行绩效工资，运动员又被边缘化了，国家没有统一政策，各省市无法自行制定办法，运动员所在的训练基地因财力等原因更是无计可施。一般运动员除了运动成绩奖励外，其平均收入水平与事业单位相同工龄的职工相比明显偏低。

3．职业转换时的职级难以确定。我国公务员、企事业单位的职工，都有一个衡量工作能力和水平的统一标准，即职务等级。工作调动后，原有的职务等级和工资标准均可与新职位衔接。部队志愿兵服役一定年限后，不但在役期间可根据其军龄、能力、水平、贡献确定相应的职级，而且其转业时的职级、待遇如何与地方新职业职级衔接，国家早就有了统一的标准和相关规定。目前，我国专业运动员实际上是一个类似军人的、职业化程度较高的特殊职业，大多数专业运动员要在运动队服役至少5~8年，运动成绩突出的运动员服役时间更长。然而与其他行业所不同的是，运动员缺乏以职级制度为核心的激励保障体系，运动员退役后从事新职业的职务等级认定没有相应的办法和规定，他们的职级基本上都要从各类职业的最低级开始，影响了运动员退役后的前途和发展。

4．职业转换时的薪酬确定困难。对运动员职业转换后的工资套改，各省市虽有套改办法，但是大多不够具体明晰，且在操作过程中难以有效把握，执行时有一定的困难。在运动员退役后职业转换时，接收单位往往会为不知如何将运动员的体育津贴套改成现岗位工资而大伤脑筋。

第三节　构建专业运动员职级制度的必要性

专业运动员职级制度的构建具有一定的现实必要性和紧迫性。当前，事业单位改革普遍开展，事业单位的岗位设置管理和绩效工资改革工作也在深入推进。专业运动员职级制度的建立不仅有利于事业单位改革的完善，也将为我国竞技体育的持续健康发展提供制度保障。

一、构建运动员职级制度是推进体育事业单位改革的迫切需要

竞技体育训练基地、运动技术学院等体育事业单位存在的价值，在于它承担着不可替代的培养高水平竞技人才、攀登运动成绩高峰的使命，其主体是专业运动员。在已经公布的体育事业单位改革文件中，一方面已经明确将专业运动员纳入事业单位管理，另一方面在人事、薪酬管理等方面又不执行或没有相应的"国民待遇"政策，客观上造成了作为体育事业单位主体的专业运动员游离于体育事业单位的改革之外，他们的一些合法权益难以得到制度的维护和保障，他们的归属感、认同感将受到很大影响，不利于这支队伍的稳定和建设。所以，进一步解决好专业运动员作为事业单位职工的聘用、职级、薪酬等问题，用制度的形式处理好专业运动员在役期间和职业转换过程中的现实问题，是全面推进体育事业单位改革必须正视且必须解决好的问题。

二、构建专业运动员职级制度是健全运动员保障制度的需要

体育是社会事业的重要组成部分，运动员保障体系是社会保障体系的有机构成，在国家提升社会管理水平、推进和谐社会建设的进程中，构建运动员保障体系越来越受到各级政府和社会各界的重视。在党和国家的关心、支持下，国家出台了一系列宏观政策，我国运动员保障体系正在逐步建立健全，相关政策更加体现人文关怀，保障水平不断提高。正如国家体育总局前局长刘鹏在2009年全国优秀运动员保障工作会议上所说，"北

京申奥成功以来，全国体育系统初步建立了符合社会主义市场经济体制要求，与我国体育发展水平相适应，与国家社会保障制度相衔接的运动员保障政策体系框架，运动员保障工作开创了新局面。"但是，由于这项工作起步比较晚，起点比较低，还有不少缺陷需要改进，还有一些空白需要填补。所以，根据专业运动员的职业特点和管理实际，制定相应的职级制度是对现有运动员保障制度的重要补充，对于进一步健全运动员保障制度体系不可或缺。

三、构建专业运动员职级制度是完善运动员激励机制的需要

激励是通过某种方式对人的贡献、价值给予肯定，满足人的需要，从而进一步调动其工作积极性。根据马斯洛的需要层次理论，人的需要有低层次、高层次之分。以往激励专业运动员的方式除了给予一定的荣誉外，更多的是体现在满足人的物质需求上，而在满足其高层次的自我发展、自我实现的需求方面体现较少。随着社会和体育事业的发展，专业运动员对自身的职业特点和社会竞争趋势的认知越来越深，危机意识越来越强，对将来自身发展的设计和实现考虑的越来越多，单纯的精神、物质奖励的激励效应在降低。其深层次的原因在于，我们的专业运动员激励机制缺少全方位的制度设计，尤其是那些成绩好、年纪大、运龄长的运动员所关心的自我发展、自我实现问题没有适当的激励方式给予满足，他们高层次的诉求没有很好的政策、制度给予保障，从而影响训练和比赛的积极性。因此，建立专业运动员职级制度对于完善运动员激励机制大有裨益。

四、构建专业运动员职级制度是提高运动人才培养效益的需要

优秀专业运动员的培养存在早期专门化、培养周期长、培养成本高等特征，在我国现行体制下，国家为此付出了大量人力、物力、财力。尽量延长优秀运动员的"运动寿命"是提高运动人才培养效益的重要途径。最早提出运动寿命概念的是前苏联学者霍缅科夫，他认为："运动寿命"是指在优异的身体素质和身体协调发展的基础上达到最高的技术水平，并在很长时间内保持和提高它的过程。延长运动员的运动寿命，是充分发掘运动员的身体、心理、精神等综合潜力，充分利用运动员的最长贡献年限，充分发挥其应有的运动价值的重要途径。据研究，我国培养一名优秀的尖子运动员平均要经过10年左右的培养期，而"运动寿命"普遍比国外运动员短，许多运动员在运动生涯的鼎盛时期就告别了赛场，其中一个很重要的原因就是认为"练的时间越长、付出越多、个人损失越大、机会错失越多"，从而形成了运动员"取得成绩之时就是考虑退役之日"的状况，都想趁着年轻抓住机会，安排好后半辈子的工作和生活。因此，建立专业运动员职级制度，有利于延长运动员的"运动寿命"，进一步提高运动人才培养效益。

五、构建专业运动员职级制度是实现竞技体育事业可持续发展的需要

要实现竞技体育事业的可持续发展，很重要的一个保障就是要有源源

不断的青少年体育后备人才进入专业运动员训练体制。在20世纪80年代以前，运动员实行退役包分配工作的政策，体育运动员职业具有较强的吸引力，许多家长积极培养孩子的体育特长，纷纷将孩子送到运动队。随着经济的发展、国民生活水平的不断提高和企事业单位用人制度的改革，家长对孩子的培养理念、培养方式以及就业期望值等都发生了较大的转变。由于退役运动员安置方式的变化和退役后的职级、薪酬仍要与新参加工作的人在同一起跑线，缺乏岗位选择与竞争优势的现状，家长把培养孩子上大学作为首选目标，即使有的家长把有培养潜力的体育苗子送到业余体校参加训练，其目的也是让孩子发挥体育特长，为日后考大学增加砝码。这对运动队吸纳和留住优秀体育人才十分不利。

第四节　结语

运动员职级制度，是运动员保障工作的一项重要内容。本章通过研究我国运动员职级制度，期待起到抛砖引玉的作用，激起社会对运动员职级制度的关注和国家对构建此项制度的重视。这项制度的建立将会极大地促进运动员的训练热情，有利于保证我国竞技体育的蓬勃发展和长盛不衰，继续彰显我国的文化软实力和综合国力。

参考文献

［1］汤岩、范素萍、宋虎："构建专业运动员职级制度的必要性——我国专业运动员职级制度研究之一"，载《南京体育学院学报》2011年第5期。

［2］铁钰、崔国文、邹月辉："我国运动员薪酬体系演进、特征及发展路径探析"，载《西安体育学院学报》2015年第6期。

［3］王玉英："我国运动员薪酬影响因素的多因素方差分析"，载《南京体育学院学报》2016年第3期。

［4］樊晓："我国职业运动员薪酬问题探析"，载《体育文化导刊》2015年第4期。

［5］郜峰、崔国文、何艳华："我国专业运动员薪酬制度演进及改制路径"，载《成都体育学院学报》2014年第6期。

［6］樊琦："运动员薪酬制定与管理的博弈分析"，载《我国奥运冠军职业生涯规划的新制度经济学研究》。